ADIEU

LA CHAUSSÉE-D'ANTIN.

yth
188

On trouve chez DUVERNOIS, *Libraire, Editeur du théâtre de M. SCRIBE, Cour des Fontaines, Passage
d'Henri IV*, n°s 7, 10 et 12, *toutes les pièces de théâtre
anciennes et modernes.*

PIÈCES NOUVELLES DONT IL EST EDITEUR.

La mort de Kléber, tragédie en trois actes, par
    M. Jacinthe Leclere, ornée du portrait du gé-
    néral 2   »

La même, papier vélin 4   »

Les Deux Pensions, vaudeville en un acte, de
    MM. Maréchalle et Charle Hubert. . . . . »   75

Les deux Turenne, vaudeville anecdotique en
    un acte, des mêmes auteurs. 1   50

Le Petit Matelot ou l'Heureux Naufrage, ballet-
    pantomime en un acte, de M. Lefevre. . . . »   50

Le Coq de Village, vaudeville de Favart, avec
    des changemens de MM. Decourt, Charles
    Hubert et Théodore Anne, représenté sur le
    Théâtre du Vaudeville. 1   50

Le même, avec des changemens de MM. Decourt
    et Charles Hubert, représenté sur le théâtre
    de l'Ambigu-comique 1   50

Les Frères Rivaux, ou la Prise de tabac, co-
    médie-vaudeville en un acte, de MM. Achille
    Dartois, Eugène et Théodore. 1   50

Un Trait de Bienfaisance, ou la Fête d'un bon
    Maire, à-propos en un acte, mêlé de cou-
    plets, de MM. Coupart et Varez. 1   »

La Veuve du Malabar, vaudeville en un acte,
    par MM. Scribe et Mélesville. 1   50

Le Zodiaque de Paris, vaudeville-épisodique,
    par MM. Théaulon, Ferdinand et Brisset. . 1   50

Un mois après la Noce, ou le Mariage par in-
    térêt, comédie-vaudeville en un acte, par
    MM. Menissier et Ernest R... 1   50

Les trois Héritiers, ou le Revenant, proverbe
    mêlé de couplets, par M. Emile Venderbuck.   75

Mon Cousin Lalure, comédie en un acte, en prose,
    de M. L. Montigny 1   »

Les Vendanges de Bagnolet, folie en un acte, par
    MM. Maréchalle et Amédée 1   »

ADIEU

LA CHAUSSÉE-D'ANTIN,

COMÉDIE EN UN ACTE, MÊLÉE DE COUPLETS,

PAR MM. HYPOLITE MAGNIEN ET E. F. VAREZ,

REPRÉSENTÉE POUR LA PREMIÈRE FOIS SUR LE THÉATRE
DE L'AMBIGU-COMIQUE, LE JEUDI, 17 OCTOBRE 1822.

~~~~~~~~~~~~~~~~~~~~~~~~~~~~~~~~

PRIX : 1 FRANC.

~~~~~~~~~~~~~~~~~~~~~~~~~~~~~~~~

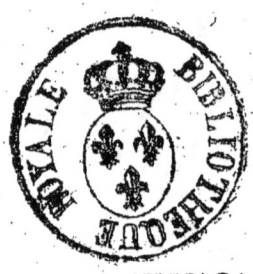

PARIS,

AU MAGASIN DE PIECES DE THEATRE,

CHEZ DUVERNOIS, LIBRAIRE,

ÉDITEUR DU THEATRE DE M. SCRIBE,

COUR DES FONTAINES, PASSAGE DE HENRI IV, Nos 7, 10 ET 12.

1822.

PERSONNAGES. ACTEURS.

M. DURAND, rentier du marais .... M. KLEIN.

DERMON .... M. CHRISTMAN.

LAFLEUR, valet de Dermon....... M. FIRMIN.

Madame DABLAINVILLE, tante de
Dermon .... Mlle. PALMIRE.

ADÈLE, nièce de Mme. Dablainville.. Mlle. OLIVIER.

ROSE, femme de chambre .... Mlle. ELÉONORE.

Un Valet .... M. JOLLY.

La Scène se passe à Paris, dans un hôtel de la Chaussée-d'Antin.

IMPRIMERIE DE HOCQUET.

ADIEU

LA CHAUSSÉE-D'ANTIN,

COMÉDIE-VAUDEVILLE EN UN ACTE.

Le théâtre représente un salon richement meublé et décoré à la moderne.

SCÈNE PREMIÈRE.

DERMON, LAFLEUR.

Au lever du rideau, Lafleur est assis devant une table et écrit; Dermon, debout, parle à la cantonnade.

DERMON.

Ainsi, Monsieur, l'hôtel m'appartient pour la soirée entière, c'est bien convenu?.. J'ai l'honneur de vous saluer.
(*Il referme la porte du cabinet et s'adressant à Lafleur, qui a cessé d'écrire.*)
Eh bien! maraud, que fais-tu là?

LAFLEUR.

Moi, Monsieur! je regarde, j'écoute, j'admire... mais le diable m'emporte si je comprends un seul mot à tout ce que je vois, à tout ce que j'entends; je pourrais même ajouter à tout ce que j'écris.

DERMON.

Où en sommes-nous restés?

LAFLEUR.

Au mémoire des peintres, Monsieur.

DERMON.

Et à combien le faisons-nous monter?

LAFLEUR.

Vous ne m'avez pas indiqué le total.

DERMON.

Eh bien! mettons... dix mille neuf cent quarante-quatre francs et soixante-quinze centimes.

LAFLEUR, *achevant d'écrire.*

Et soixante et quinze centimes.

DERMON.

A présent... reçu comptant... ce... la date et signe.

LAFLEUR, *étonné.*

Que je signe!

DERMON.

Sans doute.

LAFLEUR.

Ah! çà, mais, signer... quoi?

DERMON.

Ce mémoire, apparemment.

LAFLEUR.

Je m'y perds... c'est égal... j'obéis.   (*Il signe.*)

DERMON, *l'arrêtant.*

Que fais-tu donc, maladroit?

LAFLEUR.

Vous le voyez... je signe, et même en toutes lettres.

DERMON.

Ce n'est pas cela. Un nom supposé, un nom en l'air... le premier venu.

LAFLEUR.

Ah! j'entends... (*il écrit.*) *Du Pinceau*, peintre, et le paraphe de rigueur.

DERMON.

Bon!... (*lui donnant un autre mémoire.*) A celui-ci, maintenant, et d'une autre écriture.

LAFLEUR.

Que faut-il mettre là?

DERMON.

C'est le mémoire de la lingère.

LAFLEUR.

Ah!..(*écrivant.*) Du Linon, lingère... en bâtarde. (*signant d'autres mémoires.*) Plaqué, doreur, et Pliant, tapissier.

DERMON, *lisant.*

Mémoire de la couturière... Une robe en reps rose à grandes garnitures... Cela me regarde.

Il met le mémoire dans sa poche.

LAFLEUR.

Monsieur n'a-t-il plus rien à m'ordonner?

DERMON.

Non.

LAFLEUR, *se levant.*

Du moins, Monsieur a quelque chose à me dire?

DERMON.

Pas davantage.

LAFLEUR.

Comment, Monsieur n'aurait pas quelque petite confidence à me faire?

DERMON.

Je te répète que non.

LAFLEUR, *fâché.*

Eh quoi! Monsieur, lorsque depuis une heure je vous délivre des quittances sans recevoir un sol; lorsque, pour vous obliger, je torture ma conscience et l'oblige à se prêter à des choses qui répugnent à ma délicatesse, vous refusez de m'instruire et m'exposez par votre silence à être pendu, sans savoir pourquoi.

DERMON.

Oui.

LAFLEUR.

En ce cas, Monsieur, j'y renonce. Je n'aime point à marcher dans l'obscurité; je veux confiance entière, et puisque vous ne me croyez pas digne de la vôtre, je quitte la partie.

DERMON.

Quoi! tu m'abandonnerais?

LAFLEUR.

Oui, Monsieur. J'ai pour votre personne une affection

toute particulière , j'ai vingt fois juré de ne pas me séparer de vous... mais je m'en vais.

DERMON.

Écoute donc , mauvaise tête.

LAFLEUR.

Non , je suis comme cela ; je veux tout ou rien... me prenez-vous par hasard pour un de ces valets imbécilles , instrument passif des volontés d'un maître , et dont l'imaginative va jusqu'à panser un cheval et battre des habits ?... non , Monsieur.

AIR : *Un homme pour faire un tableau.*

Je suis un valet de boudoir
Plutôt qu'un laquais d'antichambre ,
Et j'ai respiré le savoir
Au milieu du musc et de l'ambre,
Je suis un très-mauvais jockey,
Un cheval bientôt me fatigue ;
Je conduis fort mal un boquey,
Mais je sais conduire une intrigue.　　(*Bis.*)

L'intrigue , Monsieur , c'est mon élément ! aussi ai-je toujours servi de préférence...

DERMON.

De mauvais sujets, je gage ?

LAFLEUR.

Non , Monsieur, mais des jeunes gens à la mode , qui, pour ne pas heurter de front les usages reçus , se croient obligés d'avoir une maîtresse ou deux dans le mois, trois ou quatre affaires d'honneur dans l'année et cinq ou six créanciers en permanence. Il ne faut pas se le dissimuler., tout n'est pas rose dans le métier ; mais , que voulez-vous, ma destinée m'a toujours entraîné.

AIR *de chasse.* (La Galopade.)

En glissant un poulet ,
Pan ! j'attrappe un soufflet ,
　Ou d'un père
　Ou d'un oncle sévère.
Je rencontre un époux
Qui, par hasard jaloux,
　Par des coups ,
Prouve son courroux.

Je reviens tout meurtri ;
Mais, à peine guéri,
Cherchant d'autres travaux,
Je cours périls nouveaux.
Lorsqu'un lourd créancier
Vient avec maint huissier,
  Dont l'escorte
  Gratte à la porte,
Loin d'aller en prison,
En valet de bon ton,
  Pour raison,
Je prends un bâton.

L'huissier crie : Au secours !
Sans me perdre en discours,
Je frappe comme un sourd ;
Bientôt la garde accourt.

Ne pouvant m'esquiver,
Du moins je fais sauver
  Mon maître,
  Par la fenêtre.
Quant à moi, je suis pris
Et le poignet démis :
  Pour profit,
Je gagne mon lit.

Mais un tuteur âgé,
Du monde a pris congé.
Je dis : Bien obligé !
Voilà tout arrangé !

Je crois que mon maître va me sauter au cou, me féliciter, m'offrir sa bourse

Et me récompenser,
  M'embrasser,
  Caresser ;

Pas du tout !

Il m'outrage !
Je peste, j'enrage ;
  Tout blessé,
  Fracassé,
  Harassé,
  Repoussé,
  Courroucé,
Je me vois chassé !

} (Bis.)

Et voilà.

DERMON, *riant.*

Et ces petits inconvéniens ne t'ont pas dégoûté du métier ?

LAFLEUR.

Non, Monsieur. Soldat aguerri, je veux mourir sur la brèche.

DERMON.

Allons, je vois que je puis te confier mes projets.

LAFLEUR.

Ah! vous me rendez la vie... je ne vous quitte plus.

DERMON.

Tu sauras d'abord que nous avons un tuteur à tromper.

LAFLEUR.

C'est dans l'ordre. Ce tuteur a sans doute une pupille

DERMON.

Charmante!

LAFLEUR.

Vous l'aimez?

DERMON.

Je l'adore, mon cher Lafleur! et je brûle de devenir son époux. Tu peux me servir dans mes projets.

LAFLEUR.

Comptez sur moi comme sur vous. (*Bruit d'une voiture.*)

DERMON.

Paix!... une voiture entre dans la cour... Serait-ce déjà monsieur Durand?

LAFLEUR, *regardant.*

Monsieur, c'est madame votre tante.

DERMON.

Ma tante!.. bon, elle a reçu mon billet...Tiens, garde ces mémoires.

LAFLEUR.

Oui, Monsieur. (*les portes s'ouvrent.*) La voici; l'aimable Rose l'accompagne.

SCENE II.

Les Précédens, Mme DABLAINVILLE, ROSE.

DERMON.

Eh! bonjour, ma tante; ma chère tante.

Mad. DABLAINVILLE.

Bonjour, M. Dermon, bonjour.

LAFLEUR.

Mademoiselle Rose, je vous présente mes devoirs.

ROSE.

Votre servante, M. Lafleur.

Mad. DABLAINVILLE.

Nous avons à causer ensemble, mon cher neveu; vous menez une jolie conduite, il faut l'avouer. Eh! quoi, vous restez trois semaines entières sans me donner de vos nouvelles. Ce matin seulement, un billet de votre part m'apprend que vous existez, et me prie de me rendre auprès de vous. J'ai la faiblesse de céder à votre invitation; j'arrive à la Chaussée d'Antin; je vous trouve installé dans un hôtel magnifique, une vingtaine de laquais en livrée dans votre anti-chambre, et à votre porte un Suisse en grande tenue, et dont les énormes moustaches me font presque trembler. Pourquoi ces airs d'opulence? pourquoi trancher ainsi du grand seigneur? Avez-vous donc perdu la tête?

DERMON.

Ma tante, je suis amoureux.

ROSE, à Lafleur.

Cela revient au même ou peu s'en faut.

Mad. DABLAINVILLE.

Amoureux...! eh! mon pauvre Dermon, c'est devenu chez vous une affaire d'habitude.

DERMON.

Oh! ma tante, pour cette fois, voilà quinze grands jours que cela dure.

ROSE.

Quinze grands jours!... mais, c'est déjà quelque chose.

DERMON.

Et c'est pour la vie.

Mad. DABLAIVILLE.

Pour la vie!... c'est beaucoup.

DERMON.

Appelée pour vos affaires dans la capitale, vous eûtes la bonté de m'amener avec vous. Invité aux sociétés les plus brillantes, je rencontrai M. Durand, et son aimable nièce.

Mad. DABLAINVILLE.

M. Durand !.

DERMON.

Le premier regard d'Adèle décida de mon sort.

Mad. DABLAINVILLE.

Adèle !

DERMON.

Dès ce moment, je cherchai toutes les occasions de la voir, de lui parler ; j'eus le bonheur de me trouver souvent dans les mêmes sociétés ; que vous dirai-je enfin, elle parut sensible à mes hommages. Bientôt je lui déclarai les sentimens qu'elle m'avait inspirés ; elle les approuve, ma tante, et j'ose me flatter....

Mad. DABLAINVILLE.

Avant tout, mon cher neveu, répondez-moi, je vous prie. Ce M. Durand dont vous me parlez, n'est-il pas un riche rentier du Marais ?

DERMON.

Justement.

Mad. DABLAINVILLE.

Je ne le connais pas ; mais j'ai vu sa nièce plusieurs fois chez une de mes amies qui loge à la place Royale.

DERMON.

Et ne puis-je savoir si mon Adèle....

Mad. DABLAINVILLE.

Je l'ai trouvée charmante..... une douceur..... une modestie..... une grâce.... Loin de m'opposer à votre union, je serai la première....

DERMON.

Apprenez, ma tante, que j'ai déjà essuyé un refus de la part de M. Durand.

Mad. DABLAINVILLE.

Un refus !

DERMON.

Oui, j'avais fait quelques démarches indirectes ; mais j'appris bientôt qu'aux yeux de M. Durand, nous avions un tort impardonnable ; celui d'habiter la province. Ce motif a suffi pour lui faire rejeter ma demande, quoique ma personne lui fût encore inconnue. Je conçus alors certain projet, et c'est pour son exécution que je compte sur toute votre indulgence et votre tendresse pour moi.

MAD. DABLAINVILLE.

Ah! vous cherchez à me gagner?

LAFLEUR, *à Rose.*

Monsieur parle d'affaires de famille, Rose et moi devons nous retirer, je le vois.

DERMON.

Au contraire.

LAFLEUR, *à part.*

Je respire.

DERMON.

Votre présence à tous deux m'est nécessaire. (*A Rose.*) Venez ici, Mademoiselle; plus près, plus près encore; et toi, Lafleur, reste là.

MAD. DABLAINVILLE.

Quelle est cette nouvelle folie?

ROSE.

Je n'y comprends rien.

LAFLEUR.

Et moi, je m'y perds.

DERMON.

M. Durand, après avoir passé, retiré au fond du Marais, les trois quarts de son existence, et vivant avec une économie qui approchait de l'avarice, ne s'est-il pas réveillé un beau matin avec la manie de briller. Une invitation, à la Chaussée-d'Antin, avait opéré cette métamorphose. Dès-lors, son gothique ameublement lui choque la vue; les plaisirs bourgeois lui paraissent insipides, monotones; ses habitudes même lui deviennent à charge; il renonce à tous ses vieux préjugés; il va jusqu'à permettre la walse et l'anglaise à sa nièce qui, jusqu'à ce jour, n'avait risqué que le menuet et la contredanse. Sous les airs ridicules d'un petit-maître, on le rencontre dans tous les bals, les concerts, les réunions les plus nombreuses. Caressant sa manie pour lui plaire, je parvins à m'en faire remarquer. J'eus bientôt accès dans sa maison; et, sans perdre de vue le but où je tendais de flatter son goût subit pour la dépense, j'obtins enfin la permission de le ruiner. Cet hôtel, l'ameublement,

les domestiques, les carosses, les chevaux, tout cela a été
acheté par son ordre, tout cela lui appartient.

MAD. DABLAINVILLE.

Comment! vous avez poussé les choses...

DERMON.

Ah! c'est une simple location, pour un jour seulement ;
et Lafleur est le fournisseur en chef de tous ces objets.

LAFLEUR.

Eh quoi! Monsieur, tous ces mémoires que vous m'avez
fait signer.... Ah! j'y suis à présent.

ROSE.

Comment! Lafleur a fourni....

LAFLEUR.

Les quittances! hélas! oui, mon enfant ; mais je n'ai
point touché les espèces.

MAD. DABLAINVILLE.

Mais, je ne conçois pas encore....

DERMON.

Eh quoi! ma tante, craignez-vous que la leçon ne soit pas
assez forte ? et la vue de ces mémoires *in-folio* n'est-elle pas
faite pour guérir le dissipateur le plus déterminé?

LAFLEUR.

En effet, Monsieur a raison.

AIR : *de la Sentinelle.*

Bien peu de gens songent à l'avenir,
Le présent seul n'est point une chimère ;
Car du passé bientôt le souvenir
S'évanouit comme une ombre légère.
De la leçon pourtant notre rentier
Conservera des souvenirs notoires....
Cette leçon qu'il va payer,
Il ne peut guères l'oublier....
(*Montrant les mémoires.*)
Oh! non; il a trop de *mémoires !*   (*Bis.*)

DERMON.

Je sais que M. Durand n'est pas homme à se rendre à la
première attaque, mais j'ai des réserves prêtes. Je dois lui
présenter, ce soir, une marquise à prétentions littéraires,
une jeune baronne bien évaporée, bien coquette... enfin

un spéculateur bien intrigant. Vous pensez bien que ces visites se rattachent à mon plan. Rose voudra bien se char-ger du rôle de la sémillante baronne ; Lafleur prendra celui de financier . . Il n'y a que celui de la marquise qui m'em-barrasse un peu.

MAD. DABLAINVILLE.

Je vous vois venir ; vous n'osez me le proposer, mais vous seriez bien aise de me le faire accepter. Eh! mon Dieu! ce ne sera pas la première fois que j'aurai joué la comédie.

DERMON.

Et puis, tout se passera en famille ; Rose et Lafleur, nous garderons le secret.

ROSE.

Mais, y pensez-vous, monsieur Dermon, une baronne en tablier ?

DERMON.

Tout est prévu, et dans la chambre voisine . . . Mais, tu viens de prononcer mon nom ; songe bien, et songez tous, que ce n'est point Dermon, mais bien Florville que l'on m'appele ici. Nous n'avons pas de temps à perdre. M. Durand ne peut tarder à paraître ; venez, ma chère tante.

LAFLEUR.

AIR : *mon cœur à l'espoir s'abandonne.*

Chacun ici bas se déguise,
Et prend un masque différent ;
La ruse toujours fut permise,
Rusons contre monsieur Durand.   (*Bis.*)

DERMON, à *Lafleur.*
Cher Financier, je vous ordonne
A l'antichambre de veiller ;

Mme DABLAINVILLE, à *Rose.*
Et vous, madame la Baronne,
Songez à venir m'habiller.

TOUS.
Chacun ici bas, etc.

(*Ils sortent.*)

SCENE III.

DERMON, seul.

Grâce au ciel, tout marche au gré de mes desirs! Ma
tante s'est rendue plus vîte que je ne l'espérais; Lafleur est
adroit, intelligent; Rose a de la bonne volonté, de la
finesse, elle nous secondera à merveille.... je dois bien
augurer du succès.

(Un laquais annonçant:)

M. Durand!

DERMON.

Attention!

SCENE IV.

DERMON, DURAND, ADÈLE.

*Les portes s'ouvrent. M. Durand paraît, précédé et suivi de
quatre laquais, d'un jockey, d'un valet-de-chambre.*

DURAND.

AIR : *Ah! qu'un Médecin.* (L'Homme automate.

Le beau jour pour moi!
Que mon âme est contente!
Je brille, et, ma foi,
Briller, telle est ma loi.
Asile charmant,
En ces lieux, tout m'enchante!
Je reste vraiment
Dans le ravissement.

Adieu, le Marais
Et ses plaisirs maussades;
Je veux, désormais,
Oublier à jamais
Ses tristes banquets,
Ses tristes promenades,
Son triste boston,
A deux liards le jeton.

Domino, loto,
Fuyez, je vous repousse;
Je suis enchanté
Du sublime écarté.
Trop long-temps crotté,
Aujourd'hui j'éclabousse;
Puisque c'est mon tour,
Qu'on me fasse la cour.

Modeste sapin ,
Vas, tu n'es plus d'allure ;
Au quartier d'Antin ,
Chacun a sa voiture.
Un fiacre, dit-on ,
C'est du plus mauvais ton.   (ter.)
Le beau jour pour moi, etc.

En vérité, mon cher Florville, je suis ravi, transporté ; vrai, je suis en extase... Ah !... je vous fais mon compliment bien sincère ; l'hôtel est superbe, magnifique ; le salon est d'une élégance, d'un goût, d'un fini.... c'est charmant, c'est vraiment charmant !

DERMON.

Je suis flatté, Monsieur, d'avoir votre approbation.

DURAND.

On a beau dire : il n'est rien de tel que le beau quartier ! et je suis encore à comprendre comment j'ai pu vivre tant d'années (si toutefois cela peut s'appeler vivre) enterré dans le Marais !.... Au fait, je végétais ; or, vous avouerez qu'après quinze ans de *végétation*... il est bien temps que je pousse...... mon individu dans une sphère moins bornée.

DERMON.

En effet, je m'étonne que vous ayez été aussi long-temps à vous décider.

DURAND.

Que voulez-vous ?.... J'avais mes habitudes dans les environs ; quelques bons amis, rue des *Francs-Bourgeois* ; mon procureur, rue de *Normandie* ; un pâtissier excellent, ma foi, là, près de chez moi, à la *fontaine de l'Échaudé* ; un sergent-major qui ne me faisait pas monter la garde ; et puis on me disait sans cesse : monsieur Durand, qu'est-ce que vous allez faire ? abandonner un quartier tranquille, la rue la plus propre, la plus sûre de tout Paris (la rue de l'*Oseille*) ; un voisinage honnête, et puis ci, et puis ça ; enfin le bon ton, mon cher, le bon ton ; et vos conseils l'ont emporté, et me voilà rue du *Helder* !

DERMON.

Et vous m'en remercierez un jour, je vous le prédis.

DURAND.

Eh bien ! comment trouvez-vous ma mise.... hein ?...
Je crois que nous sommes à la hauteur du quartier ; cet
habit, ce pantalon ! C'est dommage qu'on les porte si
larges ! les formes se perdent là-dedans ; autant, ma foi,
ne pas avoir la jambe bien faite !

DERMON.

Que voulez-vous ? la mode !...

DURAND.

C'est juste ; la mode parle, la jambe n'a rien à y voir.
(*A Adèle.*) Eh bien! Adèle, vous ne dites rien ?

ADÈLE.

Je n'ai rien à dire, mon oncle,

DURAND.

Vous croyez avoir tout dit, avec cette phrase banale :
je n'ai rien à dire ; est-ce une raison pour se taire ?...
Parbleu, si l'on ne parlait que lorsque l'on a quelque chose
à dire, nous éprouverions, dans la société, des momens de
silence effrayans.

DERMON.

Après avoir satisfait vos desirs, Monsieur, ma plus chère
envie est d'obtenir l'approbation de Mademoiselle.

DURAND.

Charmant! Il a toujours son petit à-propos... Eh bien!
Adèle, j'espère que voilà qui est galant ; cela ne sent pas
son *Pont-aux-Choux !* Répondrez-vous à cela ?

ADÈLE, *avec intention.*

Monsieur, je suis fort contente de tout ce que je vois
ici....

DURAND.

C'est bien heureux! (*A Dermon.*) Vous ne savez pas ?
c'est qu'il nous reste un fond de chagrin, un amour contrarié.

DERMON.

Un amour contrarié ?...

DURAND.

Oui, pour un jeune homme que je ne ne connais pas ;
un provincial, habitant la province, le département de

l'Ardèche, et qui s'était mis dans la tête de nous épouser.
Mais, un moment, je suis là ; j'ai mis bon ordre à cette
passion sentimentale. Si je marie Mademoiselle, je choi-
sirai son époux, et c'est dans le grand monde seulement
que je veux chercher un neveu. Mais, revenons :

AIR : *Adieu, je vous fuis, bois charmant.*

Combien tout cet ameublement ?

DERMON.

Mais, peu de chose ; une misère ;
C'est dix mille écus seulement.

DURAND.

Quoi ! dix mille écus !

DERMON.

Ce n'est guère !
Examinez bien tout cela ;
Quelle richesse peu commune !

DURAND, *parlant.*

J'en conviens ; mais, dix mille écus ; et vous appelez
cela une misère ?...

Achevant l'air.

Plusieurs de ces misères – là }
Feraient une belle fortune. } (*Bis.*)

Même air :

L'hôtel, combien s'et-il vendu ?

DERMON.

Mais presque rien ; je vous assure ;
Cent mille francs....

DURAND.

Qu'ai-je entendu ?

DERMON.

C'est bagatelle, je vous jure.
Voyez au-dehors, au-dedans,
Les pièces sont toutes fort belles.

DURAND, *parlant.*

Je ne dis pas le contraire ; ce salon surtout ; mais, cent
mille francs, et vous appelez ça une bagatelle !

Achevant l'air.

C'est ainsi qu'on voit tant de gens,
Se ruiner en bagatelle.

Au surplus je suis en fonds, j'ai vendu mes inscriptions ; c'est

Adieu la Chaussée-d'Antin. 2

sujet à la hausse, à la baisse; et puis, qu'est-ce que c'est que d'être obligé d'attendre le semestre pour toucher ses fonds?

DERMON.

Certainement, de quoi a-t-on l'air?

DURAND.

Ah! mon dieu!.. d'un rentier...

DERMON.

Et les rentes viagères? être obligé tous les ans de présenter des certificats de vie. Quelle gêne, quelle contrainte!

DURAND.

Oui, faire certifier par un notaire que l'on existe, c'est humiliant... que diable! quand je dis j'existe, je dois être cru sur parole : au moins, avec mon capital, j'achète, je fais figure ; il est vrai qu'il y a une fin à tout... mais...

DERMON, avec intention.

On s'est amusé.

DURAND.

On s'est amusé...

DERMON.

Et puis un bon mariage peut tout rétablir. Vous êtes jeune encore?

DURAND.

Et d'une santé!.. un tempérament sec, un cœur brûlant, une âme de feu; à la rigueur, je suis encore du bois dont on fait les maris...

ADÈLE.

Comment! mon oncle, vous auriez la pensée?..

DURAND.

Eh! mais, c'est une idée comme une autre, après tout, et si je rencontrais une femme sensible, aimante, ma foi, (regardant Adèle et Dermon) nous pourrions bien avoir deux noces dans la maison.

DERMON.

Dans la maison?

DURAND.

Dans l'hôtel, c'est une vieille habitude...

DERMON, vivement.

Comment, Monsieur?

ADÈLE, *de même.*

Eh! quoi, mon oncle?

DURAND, *bas.*

Paix…paix donc!…mes gens sont derrière. (*Haut.*) Ah ! çà, j'ai de la mémoire, vous m'avez parlé d'un jardin, d'un labyrinthe, d'un kiosque; je crois même qu'il a été question d'un petit pont…je veux voir tout cela…restez, ma nièce, restez avec monsieur Florville, vous ferez les honneurs de chez moi, dans le cas où la compagnie que nous attendons arriverait avant notre retour. (*Aux domestiques.*) Allons, marchez devant moi, vous autres, conduisez-moi, vos chapeaux sous le bras, je vous prie…ma foi, puisque j'y suis, il faut que les choses se fassent comme il faut…en vérité, Florville, c'est délicieux, vous êtes un ange! je suis ravi, enchanté !

SCENE V.

ADÈLE, DERMON.

DERMON.

Vous le voyez, chère Adèle, tout réussit au gré de nos desirs; votre oncle, tout entier au plaisir de briller, de satisfaire son goût pour le faste et la dépense, se prête de la meilleure grâce possible à nos projets.

ADÈLE.

Comme j'ai tremblé lorsqu'il a parlé du provincial avec tant de mépris.

DERMON.

Avant peu il changera de façon de penser, je lui ménage certaine leçon…

ADÈLE.

Songez, Dermon, qu'il est mon oncle.

DERMON.

Rassurez-vous, je ne passerai point les bornes de la plaisanterie…heureux d'atteindre le but auquel j'aspire, la possession de mon Adèle. Puis-je toujours compter sur son cœur ?

ADÈLE, *tendrement.*

Ai-je donc besoin de répondre ?

DERMON.

Ah ! vous doublez mon courage ! et je commence à croire
que je sortirai vainqueur de la lutte où je viens de m'engager
avec M. Durand.

AIR : *Depuis longtemps j'aimais Adèle.*

Prête-moi cette main jolie,
Reçois ce baiser plein d'ardeur ;

(Il lui baise la main.)

Gage de l'union chérie
Qui doit fixer notre bonheur :
Que ce baiser m'offre de charmes !
Il me garantit le succès ;
L'ennemi doit rendre les armes,
Je suis amoureux et Français.

ADÈLE , *même air.*

Le Français, fidèle à la gloire,
Est infidèle à la beauté ;
Et se pique peu de mémoire
Pour doux serment qu'il a prêté.
En amour il trouve des charmes
A compter de nombreux succès ;
Sois toujours Français sous les armes,
Mari, ne sois pas trop Français.

SCENE VI.

Les Précédens, ROSE *en grande toilette*, LAFLEUR *en
habit de ville.*

ROSE, *se montrant à la porte du cabinet à gauche.*

Peut-on entrer ?

DERMON.

Ah ! c'est Rose !.. Oui, ne crains rien.

LAFLEUR, *paraissant à la porte du cabinet à droite.*

La place est-elle libre ?

DERMON.

Approche.

ADÈLE.

Que signifie ?..

DERMON.

J'ai l'honneur de vous présenter la jeune baronne de Folleville, qui charme par son esprit et sa gaîté les cercles les plus brillans de la capitale.

ROSE.

Et qui se trouverait heureuse, Madame, si elle parvenait à vous plaire, de présider à votre toilette, d'arranger vos jolis cheveux, et de vous servir de femme de chambre.

ADELE.

Quelle folie! Et monsieur?

DERMON, *présentant Lafleur.*

Ah! lui, c'est un honnête homme. Monsieur fait des affaires à la bourse, prête de l'argent à ses amis au plus gros intérêt possible, connaît tout le monde, se charge de tout; conduit en même temps une entreprise et une faillite, achète une propriété en faisant une expropriation; conclut un mariage à la bourse, et termine une affaire de finances à l'opéra.

LAFLEUR.

Enfin, un homme d'affaires, qui n'est ni banquier, ni procureur, ni notaire, et qui, cependant, fait toutes les opérations de ces messieurs; le tout en conscience.

ROSE, *à Dermon.*

Comment me trouvez-vous?

DERMON.

Fort bien.

LAFLEUR.

Cette petite Rose est gentille à croquer, et sans le respect que je dois à monsieur et à mademoiselle...

Il va pour l'embrasser.

ROSE, *minaudant.*

Finissez donc, mon cher, vous allez me donner des vapeurs.

DERMON.

Bravo! c'est bien cela.

ROSE.

Me croyez-vous étrangère aux usages du grand monde? ah! je vous réponds de mon rôle; l'antichambre est si près du salon. On écoute quelquefois... on observe... on s'instruit...J'ai de la mémoire, et si je ne me trompe, voilà le tableau exact d'une soirée à la mode.

AIR : *Marche suisse.*

Din, din, din, din, din, din, din, din,
De leur timbre argentin,
Les pendules enfin
Sonnent huit coups... soudain
De laquais un essaim,
A l'instant,
Vient courant,
Aussi prompt que l'éclair ;
Tout est en l'air.
Eh, eh, eh, eh, eh, eh, eh, eh,
Un carosse doré,
Dans la cour est entré.
C'est un homme titré,
Car il est décoré.
Le maître de céans,
Fait ouvrir à ses gens
Les deux battans.

Sur l'équipage et la mise,
Il sait régler son accueil :
Une bergère au remise ,
Au fiacre, un simple fauteuil,
Pour les gens à pied une chaise.
Mais le parasite, par goût,
Pour boire et manger plus à l'aise,
Près du buffet se tient debout.

Chut, chut, chut, chut, chut,
Je vais le prendre en *Ut*,
S'écrie *ex-abrupto* ;
Une vielle Erato,
D'un volume *in-quarto*,
Et presto ;
Au piano,
Elle se met,
Tout net,
Chante en fausset.

Clac, clac, clac, clac, clac,
Et ab hoc, et ab hac,
Cent bravos
A propos ;
Réveillent un ami,
A demi
Endormi.
Il se lève en sursaut,
Puis applaudit tout haut,
Bien comme il faut.

On joue, et, perdant la carte,
Plus d'un mari dit, à part :
« Hélas ! tandis que j'écarte,
« Ma femme cause à l'écart »

Un autre, qui craint l'épigramme,
A cru remarquer, plein d'effroi,
Qu'un galant lui souffle sa dame,
Au moment qu'il tourne le roi.

    Crin, crin, crin, crin, crin,
La danse met en train ;
On fait en avant deux.
Plus d'un amant heureux,
Sous les yeux d'un époux,
Obtient un rendez-vous,
    Profitant à-propos
    D'un dos à dos.

    Bah, bah, bah, bah,
Je m'en moque, oui-dà,
Dit l'époux, voyant ça.
    C'est peut-être un malheur,
Mais j'en ris de bon cœur ;
La femme du voisin
Me vengera demain ;
    Point de chagrin.

En bâillant, on se retire ;
Et puis, par réflexion,
Tout bas on fait la satyre,
Du moderne Amphytrion.
Or, c'est ainsi qu'est fait le monde,
Bien fou qui veut le corriger ;
A quoi sert, bon Dieu ! que l'on fronde,
Ce que l'on ne saurait changer ?

    La, la, la, la, la, la,
Faut en passer par là ;
Puisque, dans l'univers,
Tout ne va qu'à l'envers.
Mais ici bas, hélas !
Sommes-nous curieux
De voir tout pour le mieux ?
    Fermons les yeux.

    La, la, etc., etc.

LAFLEUR.

Ah ! mon dieu, j'entends, je crois, M. Durand.

DERMON.

Vite à nos rôles. Adèle, secondez nos efforts, notre bonheur commun en dépend.

TOUS.

AIR : *Pantin, Pantin que j'aime.*

D'Antin, d'Antin que j'aime !
Tes plaisirs un peu bruyans,
Sont attrayans !
Oui, Saint-Germain, lui-même,
N'est qu'un quartier
Roturier.

SCÈNE VIII.

Les Précédens, DURAND, Valets.

DURAND, *continuant l'air.*

Je vous offre mon hommage,
Madame; je suis jaloux
D'avoir vos goûts.
Souffrez que je les partage,
Et répète comme vous :

TOUS.

D'Antin, d'Antin que j'aime !

Tes plaisirs, etc.

DURAND, *à Rose.*

Ne vous dérangez pas, madame. (*à Lafleur*) Restez donc,
monsieur, je vous en conjure, je vous en fais la requête très-
humble.

DERMON.

Vous le voyez, M. Durand, je vous ai tenu parole, je vous
ai promis une société aimable, distinguée... voici madame
la baronne...

DURAND, *faisant un grand salut.*

Madame est baronne?.. des sièges.

DERMON, *montrant Lafleur.*

Et M. d'Argencourt, l'homme le plus connu de la capitale.

DURAND, *saluant.*

Comment, monsieur est...? des sièges donc !

On s'assied.

ROSE, *à Durand.*

Votre billet d'invitation, que j'ai reçu par l'entremise de

M. Florville , m'a paru si pressant et si galamment tourné
ue je n'ai pu résister au plaisir de faire votre connaissance.
J'avais cependant aujourd'hui une partie délicieuse.... Ce
soir ma loge aux Bouffes...

DURAND.

Ah! madame a une loge aux Bouffes?

ROSE.

N'importe, c'est un sacrifice que je fais volontiers en votre
faveur, mon cher monsieur Durand.

DURAND, *s'inclinant.*

Madame est trop bonne....

LAFLEUR.

Ma foi, monsieur, j'ai pensé comme madame la baronne;
toute affaire cessante, je suis venu présenter le bon jour à mon
nouveau voisin.

DURAND.

C'est beaucoup d'honneur , en vérité. (*Se tournant vers
Dermon*) Ah ça, mon cher Florville; il me semble que vous
m'aviez parlé d'une certaine marquise...

UN DOMESTIQUE , *annonçant.*

Madame la marquise de Richebraque.

DERMON , *bas à Adèle.*

C'est ma tante.   (*On se lève.*)

SCENE VIII.

Les Précédens, Mme. DABLAINVILLE.

DERMON.

Arrivez donc, madame la marquise, arrivez-donc; M.
Durand soupire après vous , il sèche d'impatience de vous
voir.

Mme D'ABLAINVILLE, *saluant.*

Monsieur...

DURAND.

Catherine, des chaises... (*se reprenant*) Laquais, un fauteuil à madame la marquise.   (*Tout le monde s'assied.*)

Mᵐᵉ DABLAINVILLE.

Savez-vous, monsieur, ce qui m'a retardé ? c'est une déclaration.

DURAND.

D'amour?

Mad. DABLAINVILLE.

Sans doute... je n'ai pas voulu sortir de chez moi avant de l'avoir achevée.

DERMON.

Ainsi donc, c'est fini ?

Mad. DABLAINVILLE.

Oh! mon dieu! on en dira tout ce que l'on voudra... je n'ai fait languir mon héros que pendant l'espace de quatre volumes; au cinquième, je l'ai rendu heureux.

DURAND.

C'est très-bien!.. (*bas à Lafleur.*) Que signifie?..

LAFLEUR, *de même.*

Comment! vous ne comprenez pas ? Chaque siècle a ses goûts, ses travaux particuliers : autrefois, les femmes de qualité se croyaient obligées d'avoir des vapeurs ; aujourd'hui, elles font des romans.

DURAND, *de même.*

J'entends... elles n'ont fait que changer de maladie... (*Haut, à Mad. Dablainville.*) Madame est homme de lettres, (*se reprenant.*) Je veux dire femme de lettres.

Mad. DABLAINVILLE.

Monsieur, je me contente du titre modeste d'amateur. J'ai pourtant fait quelques excursions assez heureuses dans le domaine de la poésie. Telle que vous me voyez, j'ai remporté une foule de prix dans plusieurs académies de province. Mais de tous mes succès, celui qui m'a fait le plus d'honneur, je l'ai dû à une charade.

DURAND, *surpris.*

Une charade!.. mais c'est la moindre...

Mad. DABLAINVILLE.

Oui, Monsieur, oui, une charade !

ROSE.

Madame a raison, ces petits riens-là sont justement la pierre de touche du talent.

LAFLEUR.

Eh! sans doute, ... comme disait le grand *Corneille*, dans son art poétique :

Un quatrain sans défaut, vaut seul un long poëme.

DURAND.

Ah! Cornelle avait bien raison !

DERMON , *bas, en le poussant.*

Tais-toi donc, imbécille, tu vas tout gâter par ton érudition d'antichambre.

DURAND , *à Mad. Dablainville.*

Mais, Madame, il me semble que vous devez avoir bien peu de temps à vous pour vous occuper de votre mari, de vos enfans, de votre ménage ?

Mad. DABLAINVILLE.

Mon ménage, mes enfans, mon mari! y pensez-vous, Monsieur? tous ces petits détails domestiques sont-ils donc du ressort de la poésie ?.. mon mari est à la cour, je ne le vois jamais : en revanche, je lui adresse des épîtres pleines de sentiment qui prouvent assez combien je l'aime.

LAFLEUR , *bas à Durand.*

Quelle tendre épouse ! heim ? (*Durand secoue la tête.*)

Mad. DABLAINVILLE.

Mes enfans ne me quittaient pas ; mais dans l'intention de me livrer sans reserve à un grand ouvrage sur l'amour maternel, je les ai mis en pension.

ROSE, *bas à Durand.*

Quelle bonne mère !

DERMON, *bas à Durand.*

Avouez, M. Durand, qu'au Marais on ne rencontre guères de ces femmes-là ?

DURAND.

Je l'avoue (*à part.*) Et c'est fort heureux.

LAFLEUR , *haut.*

Eh! mais, M. Durand, vous ne nous avez rien dit de votre petite tournée dans votre hôtel ; en avez-vous été satisfait ?

DURAND.

Mais jusqu'à un certain point. Certes, je n'ai jamais rien

vu de plus riche, de plus élégant; et puis les égards dont
vous êtes entouré, les attentions délicates dont on m'a, pour
ainsi dire, accablé!...c'est dommage seulement que tout cela
coûte si cher. Figurez-vous qu'en traversant ma cour, le
premier objet qui s'offre à ma vue, c'est mon suisse, qui,
par parenthèse, parle français aussi bien que moi. Du plus
loin qu'il me devine, il me présente les armes avec sa halle-
barde, en me tendant la main...comme cela; un peu plus
loin, à la grille du jardin, mon jardinier me présente un
bouquet bien frais, en me tendant son chapeau. A la cuisine,
enfin, un joli petit marmiton, ma foi, me présente une
brioche bien chaude en me tendant son bonnet de coton. Je
voyais bien que tout cela tendait à quelque chose; mais
comme probablement je ne comprenais pas a ez vîte, ils
se hâtèrent de dialoguer leur pantomime, et finirent par
me demander la pièce en disant que c'était l'usage.

DERMON.

C'est l'usage, en effet.

Mad DABLAINVILLE.

C'est l'usage.

LAFLEUR et ROSE.

C'est l'usage.

DURAND.

Ah! c'est l'usage!

UN DOMESTIQUE, à M. Durand.

Monsieur, c'est une lettre que votre suisse m'a chargé de
vous monter.

DURAND.

Une lettre à mon adresse! Comment, on saurait déjà dans
Paris?.. Vous permettez, Mesdames? (le domestique sort.)
Monsieur Durand, en son hôtel, rue du Helder. C'est bien
cela; vraiment c'est singulier comme les nouvelles se ré-
pandent à la Chaussée d'Antin! au Marais, j'aurais pu changer trente fois de domicile, sans causer la moindre sensation
dans le quartier... Allons, je lirai cela plus tard.

LAFLEUR.

Pourquoi donc? c'est peut-être quelque chose d'important.

Mad. DABLAINVILLE et ROSE.

Nous vous en prions.

ADÈLE.

Ces dames vous en prient, mon oncle.

DURAND, *lisant.*

« Ame sensible et charitable !..

DERMON.

C'est une circulaire, à ce qu'il paraît... une famille in-
digente et sans ressource.... nous sommes au fait de cela,
comme vous pensez bien, et nous n'en croyons pas un mot;
mais c'est égal, il faut payer sa bienvenue, mon cher monsieur Durand, se faire une réputation de générosité. Vous
en serez quitte pour quelques centaines de francs.

DURAND.

Vous pensez donc qu'il est nécessaire...

DERMON.

Indispensable !

ROSE.

C'est l'usage.

LAFLEUR.

Comme dit fort judicieusement madame la Baronne, c'est
l'usage.

DURAND.

Ah! encore l'usage !   (*Il donne de l'argent au domestique.*)

Mad. DABLAINVILLE.

A propos! cette lettre me fait songer... il me reste encore
quelques exemplaires de mon dernier roman. (*A Dermon.*)
Vous vous rappelez, monsieur Florville, celui que j'ai
vendu au profit des pauvres?

DERMON.

Oui, Madame. (*Bas à Durand.*) Une vraie pauvreté !

ROSE.

Il faut absolument les prendre, monsieur Durand. Les
acheter, c'est faire un acte de charité. (*Bas, en souriant.*) Et
les lire, un acte de courage.

DURAND.

Je vous avouerai, madame la marquise, qu'en fait de
romans...

Mad. DABLAINVILLE.

C'est bon, c'est bon, point de complimens; je vous en
dispense... mon domestique vous portera demain mes six
volumes.

DURAND, *à part.*

Allons, encore quelques louis !

ROSE.

Ah! çà, mon cher monsieur Durand, j'espère que vous

voudrez bien aussi faire quelque chose pour moi?... il s'agit
de billets de loterie... des couverts d'argent ; c'est une bonne
action que je vous propose. Une pauvre petite femme qui a
eu le malheur d'épouser l'homme le plus ridicule... il lui a
refusé des diamans et un cachemire.

ADÈLE.

Un cachemire ! mais c'est devenu un objet de première
nécessité, même au Marais.

MAD. DABLAINVILLE.

Cela crie vengeance !

DERMON.

Ce mari-là est un homme affreux !..

ROSE.

Affreux ? C'est un monstre, Monsieur ! c'est un monstre !
obliger sa femme à se défaire de son argenterie ! Au surplus,
il sera le premier attrappé ; figurez-vous que le jour même
du tirage il doit donner un grand dîner.

AIR : *Vaud. des Maris ont tort.*

Lorsque, bravant le ridicule,
Sa femme se passe d'amans,
Le cher mari se fait scrupule
De lui donner des diamans.　　　(*Bis.*)
Mais sa fureur sera complette,
Au tableau sous ses yeux offert,
Des diamans sur la toilette,
Sur la table pas un couvert.　　　(*Ter.*)

TOUS, *riant.*

Ah ! ah ! ah ! c'est très-plaisant !.. c'est charmant !

DURAND.

Oui, ce sera drôle !..(*Il fait une grimace.*) je vous prie de
m'excuser, madame la Baronne, je me suis fait une loi de
ne jamais mettre à la loterie.

ROSE.

Il est impossible de refuser ; tout ce qu'il y a de gens
comme il faut, en a pris. Ainsi, monsieur, en voici quatre.

DURAND, *à part.*

Il n'y a pas moyen de l'échapper....(*Haut.*). Quarante
francs !... Madame, veuillez bien vous charger...(*Il lui
donne de l'argent.*)

LAFLEUR.

Ma foi, monsieur Durand, puisque vous mettez à la loterie, je viens à mon tour mettre votre bienfaisance à con-
tribution.

DURAND, *à part.*

Encore !

LAFLEUR.

En faveur d'un brave et honnête homme de ma connaissance qui s'est ruiné au jeu.

DURAND.

Au jeu ?

LAFLEUR.

Oh ! entendons-nous ; au jeu de la bourse. Il s'est fait ouvrir une petite souscription (*il déroule une grande pancarte*)
afin de se procurer les moyens.

DURAND.

De payer ses créanciers ?

LAFLEUR.

Fi donc ! vieux préjugé passé de mode depuis long-temps ;
cela ne se fait plus... Non, ce qu'il demande, c'est le moyen
de vivre honorablement.

DERMON.

Rien de plus juste.

ROSE.

Certainement, c'est une chose toute simple.

DURAND.

Toute simple !

LAFLEUR.

Allons, monsieur Durand, souscrivez.

DURAND.

Mais, M. d'Argencourt !

MAD. D'ABLAINVILLE.

Donnez-vous la peine de souscrire, M. Durand.

DURAND, *hésitant.*

Ma foi, madame la marquise...

ROSE, *minaudant.*

Pour l'amour de moi, mon cher monsieur Durand.

DURAND, *à part, et transporté.*

Pour l'amour de moi... (*bas, à Dermon.*) Il est sûr que
cette femme est d'une amabilité ! (*à part*) quelle œillade !..
(*haut.*) Non, belle dame, non, je ne saurais vous résister
plus long-temps. Je souscris à vos desirs ; passez-moi la

souscription. (*A part, en signant.*) Elle a dit : « Pour l'amour de moi ! (*lui montrant la signature.*) Vous voyez, et je donne de suite !... (*Il donne à Lafleur.*)

ROSE.

Charmant !

DURAND, *à part.*

Je crois qu'elle m'a serré la main (*bas à Dermon.*) Elle est adorable !

MAD. DABLAINVILLE.

Il me semble qu'en attendant le dîner, nous pourrions bien faire quelques tours de jardin ; car on dîne chez vous, je présume, monsieur Durand ?

LAFLEUR.

Qui ; dîne-t-on ?... car je vous avouerai que j'ai bon appétit ; j'ai....

DURAND.

Mais, Madame....

DERMON.

Oui, Madame.... à huit heures du soir ; nous sortirons de table à dix heures et demie... la danse et l'écarté se partageront alors nos momens.

DURAND.

Comment, la danse ?

DERMON.

J'avais oublié de vous en prévenir ; c'est une surprise que je vous ménage... J'ai invité, en votre nom, tout ce qu'il y a de mieux à la Chaussée-d'Antin : Une réunion charmante.... trois à quatre cents personnes tout au plus.

DURAND, *en colère.*

En vérité, monsieur Florville, je trouve fort extraordinaire....

DERMON.

Oh ! soyez tranquille... j'ai bien fait les choses... Une musique délicieuse... un souper magnifique ; et puis, cela ne vous occasionnera pas le moindre embarras. Vous n'aurez qu'à payer la dépense.... je me charge du reste.

DURAND, *à part.*

J'enrage...

MAD. DABLAINVILLE, *à Adèle.*

Allons, ma chère amie, conduisez-nous, guidez-nou

(*Bas.*) Le cher oncle paraît enseveli dans ses réflexions ; c'est bon signe !

DURAND, *à part.*

Je commence à croire que j'ai fait une espèce de sottise.

ROSE, *à Durand.*

Eh bien ! Monsieur, à quoi pensez-vous donc ? vous semblez préoccupé ?... distrait ?...

DURAND.

Il est vrai, madame la Baronne.

MAD. DABLAINVILLE.

Allons, tout le monde au jardin !

Reprise de l'air.

D'Antin, d'Antin que j'aime! etc.

LAFLEUR.

Eh quoi ! monsieur Durand, vous ne faites plus chorus ?

DURAND, *sèchement.*

Non, Monsieur, je suis enrhumé! Depuis un instant, je me sens pris à la gorge....

TOUS, *riant.*

D'Antin, d'Antin que j'aime ! etc.

SCÈNE IX.

DURAND, DERMON.

DURAND, *en colère.*

Allez vous promener tous seuls, avec votre Dantin ! au diable la compagnie !... je suis d'une humeur !...

DERMON, *revenant du fond.*

Réjouissez-vous, monsieur Durand, réjouissez-vous...

DURAND.

Il y a bien de quoi se réjouir ; en effet, on me ruine....

DERMON.

Il faut avouer que vous jouez de bonheur !...

DURAND.

Joli bonheur !... j'enrage !...

Adieu la Chaussée-d'Antin.

3

DERMON.

Je vous en fais mon compliment bien sincère.

DURAND, *surpris.*

Heim ? plait-il ?.. quelle affaire ? que voulez-vous dire !

DERMON.

Notre jeune Baronne est sensible à votre mérite, mon cher monsieur Durand, elle est sensible à votre mérite.

DURAND.

En vérité ?

DERMON.

Je m'y connais, vous dis-je; sa jolie figure, ses grâces, son esprit, ses dix-huit mois de veuvage *(appuyant)* et ses trente mille livres de rentes... tout cela vous effraierait-il ?

DURAND.

Pas le moins du monde.

DERMON.

Eh bien ! il faut épouser tout cela.

DURAND.

Je ne demande pas mieux ; mais la disproportion d'âge, et puis ne serais-je pas obligé de faire une cour assidue ! on me laissera peut-être soupirer long-temps avant de... et je vous avouerai que je n'entends...

DERMON, *d'un ton léger.*

Autrefois, il est vrai, cela se pratiquait ainsi, (au moins au Marais) mais nous autres habitans de la Chaussée-d'Antin, nous menons le sentiment en poste, et nos dames ne s'en plaignent pas.

DURAND.

Ah ! vous menez le sentiment en poste ! j'aime beaucoup l'expression, c'est charmant ! délicieux !

DERMON.

Vous trouvez donc nos dames...

DURAND.

C'est le *nec plus ultrà* de la bonne compagnie...une con-

versation ! une tournure ! une aisance ! un peu trop les usages du grand monde, peut-être ?

(*Il tire en soupirant sa bourse qui est vide.*)

DERMON.

Je vais vous envoyer notre jeune Baronne... à propos,
voici tous vos petits mémoires... le total se monte à deux
cent mille francs, tout au plus. C'est une affaire d'or, pour
vous, que ce mariage là. Vous aurez huit jours pour vous
acquitter, elle sera à vous dès demain ; vous êtes un heureux
mortel ! je vous baise les mains.

SCENE X.

DURAND, *seul*.

Que dit-il donc !... deux cent mille francs !... j'en reste
anéanti. Si j'avais pu prévoir combien il en coûte pour
briller à la Chaussée-d'Antin... oui, mais on y trouve des
veuves charmantes, qui vous accordent leur fortune et leur
main.

SCÈNE XI.

DURAND, ROSE.

ROSE, *feignant la surprise*.

Ah ! pardon, monsieur Durand, je cherchais...

DURAND.

Vous cherchez ? que ne suis-je l'objet heureux...

ROSE.

Toujours galant !

DURAND.

Près de vous on le devient tout naturellement.

ROSE.

Encore ?

DURAND.

Si de beaux yeux nous font souvent perdre l'esprit, ils
nous en donnent quelquefois.

ROSE.

Comment donc ! de plus fort en plus fort !

DURAND, *à part.*

La conversation ne commence pas mal, je suis en verve.

ROSE.

En vérité, M. Durand, vous vous énoncez avec une délicatesse d'expression !... un ton des convenances ; et le Marais aurait enseveli tant de qualités aimables ! quel meurtre, bon dieu ! Vous êtes fait pour réussir dans le grand monde, et moi-même je veux vous y pousser... cela vous étonne ? une femme aimable et pourvue de quelques attraits, a souvent plus de crédit que le courtisan le plus habile.

DURAND.

En vérité ?

ROSE.

Certainement.

AIR *de la Walse des Comédiens.*

Sachez, mon cher, qu'une femme jolie,
Dans le grand monde aura toujours accès ;
Sous l'étendard de la coquetterie,
D'un pas certain elle marche au succès.

Par un peu d'art, je sais parer mes charmes,
Mes yeux fripons.... je les baisse à demi ;
Adroit soldat, je me tiens sous les armes,
Et, sans trembler... j'attends mon ennemi.

A la faveur, j'accorde un doux sourire,
Joli minois gagne un homme d'Etat,
D'un seul regard tel est souvent l'empire,
Qu'il me soumet le plus fier potentat.

Quant aux faveurs, rarement j'en accorde ;
Mais je promets... cela n'engage à rien.
Lorsque je suis la pomme de discorde,
De faire un choix, moi, je me garde bien.

Je sais enfin, par certaine tactique,
Entretenir l'espoir dans tous les cœurs ;
Et je parviens, grâce à ma politique,
A conserver tous mes admirateurs.

Fort à-propos je sais quand il faut rire,
Rien ne me coûte, non plus de pleurer.
D'un soupirant j'augmente le délire ;
Je sais fort bien aussi dissimuler.

Près d'un jeune homme je parais légère,
La Raison même auprès d'un vieux Caton.
Bref, à mon gré, quand il s'agit de plaire,
Je change de goût, d'humeur et de ton.

Voilà comment une femme jolie,
Dans le grand monde aura toujours accès ;
Sous l'étendard de la coquetterie,
D'un pas certain elle marche au succès.

DURAND.

Comment donc, Madame, voilà un petit traité de coquetterie qui annonce tout le bonheur qui attend celui pour lequel vous vous intéresserez.

ROSE.

Ah ! pous servir les gens que j'aime, il n'est pas de peines que je ne me donne ; et vous ne pouvez douter, mon cher M. Durand, que je ne vous regarde comme un de mes amis les plus sincères.

DURAND.

Madame, je mériterai ce titre... mais enfin, supposons un instant que, par votre entremise, je parvienne à quelque chose, à quelques places... je ne dirai pas à un emploi militaire, parce que les armes ne sont guères ma vocation... mais enfin, à une place honorifique ; de ces places qui vous donnent un rang, un titre... Qu'en résultera-t-il ?

ROSE.

Ce qu'il en résultera ?

AIR du Nouveau Seigneur.

Comment ! vous l'ignorez encore ?
Les femmes vous trouvent charmant ;
Vous êtes riche, on vous adore,
Du moins on en fait le serment.
Des plaisirs votre or est la source ;
Et, sans façons, d'adroits flatteurs
Viennent puiser à votre bourse :
Voilà ce qu'on doit aux grandeurs,
Oui, ce que l'on doit aux grandeurs. (Bis.)

DURAND.

Ah ! c'est là ce qui doit en résulter ?.. jusqu'à présent je n'y vois pas un très-grand avantage, et c'est payer un peu cher l'honneur d'être quelque chose. J'aimerais bien mieux partager ma fortune avec une compagne douce, aimable, sensible, comme...J'allais dire, je crois, comme vous.

ROSE.

Et moi aussi, M. Durand, malgré mon goût pour le faste, il me semble que je pourrais trouver le bonheur avec un homme spirituel, généreux, délicat...Dieu me pardonne! j'allais dire... comme...,.

DURAND.

O ciel! l'ai-je bien entendu?.. elle allait dire comme..... Eh! Madame, ce dernier mot m'éclaire et me décide à vous ouvrir mon cœur; apprenez que l'amour le plus ardent!... le plus...

ROSE.

Arrêtez, M. Durand! arrêtez; c'est presque une déclaration.

DURAND.

C'en est une, madame la Baronne, ne vous y trompez pas; je vous prie de le croire... et la preuve, c'est que me voilà à vos pieds. *(Lafleur paraît dans le fond.)*

AIR : *Je regardais Madelinette.*

A deux genoux, je vous en prie,
Faites-moi connaître mon sort;
Un mot peut me rendre à la vie,
Un mot peut me donner la mort.

ROSE, *jouant l'émotion.*

Quel trouble en mon cœur je sens naître!

DURAND.

Je brûle d'être votre époux!
Puis-je donc espérer de l'être?

ROSE.

Vous le serez, rassurez-vous.

DURAND.

Merci!...

ENSEMBLE.

A deux genoux, je vous en prie,
Faites-moi connaître mon sort;
Un mot peut me rendre à la vie,
Un mot peut me donner la mort.

ROSE.

A mes genoux, il m'en supplie,
Il veut connaître enfin son sort;
Il faut bien le rendre à la vie,
Je crains de lui donner la mort.

DURAND, *se relevant.*

Il vous est donc échappé, cet aveu charmant!

ROSE.

Je suis bien faible... mais, que voulez-vous, il est impossible de vous résister ! (*Lafleur lui fait des signes.*) Ah ! çà, notre absence pourrait être remarquée, il faut du moins sauver les apparences.

DURAND, *déclamant.*

« Jusqu'au jour fortuné d'une chaîne si belle ! » Je vous entends... je m'éclipse et retourne auprès de la compagnie. (*La regardant avec une tendresse comique.*) Quelle heureuse simpathie ; Comme nous allons être heureux !

ROSE.

Bien heureux, en effet ! Je pourrai donc enfin me livrer sans contrainte à mon goût pour la dépense.

DURAND.

Plaît-il ?

ROSE.

Car je dois vous l'avouer, j'ai trente mille livres de rentes; eh! bien, cela ne me suffit pas.

DURAND.

Ah! ah!

ROSE.

Non... chaque année mon budjet passe soixante mille francs.

DURAND, *stupéfait.*

Que dites-vous ? Juste ciel ! soixante mille francs !

ROSE.

Sans doute. Oh ! nous irons grand train, je vous en réponds. (*Lafleur fait de nouveaux signes.*) Mais retournez donc au jardin, mon cher, vous allez me compromettre.

DURAND, *à part, en s'en allant.*

Soixante mille francs !.. et moi qui comptais sur sa fortune pour augmenter la mienne... quelle école ! (*apercevant Lafleur.*) Eh ! mais... M. d'Argencourt ! il fait des signes d'intelligence à la Baronne... elle y répond, je crois... allons, il ne me manquerait plus que cela pour m'achever... observons un peu tout cela. (*à Rose.*) Aimable dame, dans un instant je vous conduis près de la compagnie.

(*Il sort par une porte latérale et reparaît bientôt.*)

ROSE.

Ce pauvre homme est terriblement embarrassé.

SCENE XII.

ROSE, LAFLEUR, DURAND *caché.*

LAFLEUR.

Notre original est donc enfin parti !

DURAND, *à part.*

Notre original !

LAFLEUR.

Je te fais mon compliment, ma chère.

DURAND, *à part.*

Ma chère !

LAFLEUR.

Tu ne t'es pas mal tirée du tout de la scène de la déclaration.

ROSE.

Tu trouves !

DURAND, *à part.*

Comment donc, on se tutoie ?

LAFLEUR.

Oui, d'honneur ; et mon admiration m'emporte si loin qu'il faut absolument que je t'embrasse.

DURAND, *à part.*

Comment ; c'est chez moi !..

ROSE.

Non, Monsieur, cela ne sera pas.

DURAND, *à part.*

Elle résiste, pourtant.

ROSE, *continuant.*

Mais demain, tant que tu voudras.

DURAND, *à part.*

C'est cela, elle attend que nous soyons mariés.

(*Lafleur embrasse Rose.*)

DURAND, *furieux.*

Bravo, Madame, bravo!

ROSE, *avec effroi.*

Ah!..

SCENE XIII.

Les Précédens, Mme DABLAINVILLE, ADÈLE et DERMON.

DURAND.

Vous arrivez fort à propos, M. Florbel, et vous aussi, madame la Marquise, pour être l'un et l'autre témoins du scandale le plus abominable... M. d'Argencourt, là, sous mes yeux et à ma barbe, vient d'embrasser madame la Baronne; et ce qui va bien plus vous étonner, c'est que madame la Baronne l'a tranquillement laissé faire.

Mad. DABLAINVILLE, *bas à Lafleur.*

Qu'est-il donc arrivé?

LAFLEUR.

Ma foi, Madame, sans le vouloir, j'ai brusqué le dénouement.

Mad. DABLAINVILLE, *froidement.*

N'est-ce que cela?.. c'est en vérité bien la peine de faire tant de bruit pour si peu de chose.

DURAND, *furieux.*

Comment, si peu de chose!.. ah! quelles mœurs!.. (*A part.*) J'étouffe de colère et d'indignation!

Mad. DABLAINVILLE.

Eh! sans doute, quand il existe entre certaines personnes, certains arrangemens.

DURAND.

Ces arrangemens-là... ne m'arrangent pas du tout, moi, (*à Rose.*) Eh! quoi, c'est au moment même où vous promettez de m'épouser...

ROSE.

Pourquoi vous plaindre? je ne m'en dédis pas encore, et si vous voulez...

DURAND.

Brisons là, s'il vous plaît... qu'il ne soit plus question de ce mariage... honteux.

ROSE.

Oh! mon dieu, à votre aise, je n'y tiens pas.

SCENE XIV.

Les Précédens, un Domestique.

LE DOMESTIQUE.

Monsieur est servi.

DURAND, *avec humeur*.

Eh! bien, qu'on déserve; j'ai dîné à trois heures et demie, au Marais, et j'y retoùrne. (*à Adèle*.) Suivez-moi, ma nièce.

DERMON.

Eh! quoi, monsieur Durand?. la Chaussée d'Antin, le grand monde...

DURAND.

Je l'abandonne à jamais... votre grand monde, il n'est pas fait pour moi... l'épreuve de quelques heures me suffit, la leçon m'a coûté bon, c'est vrai... elle ne sera point perdue. Il en coûte trop cher ici, pour briller... pour faire figure, et je ne suis pas assez riche... d'ailleurs, tout ce que j'ai vu, entendu... Viens, ma nièce...

ROSE.

Sans rancune, au moins, mon cher M. Durand.

DURAND, *entre les dents*.

Au diable!

MAD. D'ABLAINVILLE.

Monsieur Durand, je vous dois un conseil... à votre place, je tournerais mes vues vers le petit provincial du département de l'Ardèche...

DURAND.

Lorsque j'aurai des avis à demander à quelqu'un, Madame... (*se retenant*.) A propos, vous pouvez vous dispenser de m'envoyer demain votre roman en six volumes. (*A Adèle*.) Ah! ma pauvre Adèle! quelle leçon!... pourquoi n'ai-je point voulu faire ton bonheur? te donner à l'époux de ton choix?.. à présent, il est trop tard, et malgré mon repentir...

DERMON.

Non, monsieur, il n'est pas trop tard.

DURAND.

Comment?

DERMON.

Cet hôtel, ces meubles, ces équipages brillans, rien de tout cela n'est acheté. Le fat de Florville n'est autre que le provincial Dermon.... trop heureux d'obtenir la main de votre nièce, et de vous faire revenir d'une injuste prévention...

DURAND.

Serait-il vrai?.. vous, Dermon?

MAD. DABLAINVILLE.

Oui, monsieur.... Dermon, mon neveu.

DURAND.

Comment!.. madame la marquise...

DERMON.

N'est autre que madame Dablainville, la Baronne, sa femme de chambre, et monsieur d'Argencourt, Lafleur, mon domestique.

LAFLEUR, à Durand.

Pour vous servir, s'il en était capable.

DURAND.

Comment donc! ce maraud se serait permis...

DERMON.

Rassurez-vous, nous le mettrons à la porte. Lafleur, je te chasse.... tu m'entends?

LAFLEUR.

Merci, monsieur.

MAD. DABLAINVILLE.

Rose, tu es libre d'épouser monsieur le financier.

ROSE.

Le beau parti vraiment!.. un financier sans finances.

LAFLEUR.

Et le physique ?

DURAND.

Ainsi, ma nièce, vous étiez du complot ?

ADÈLE.

Ne me grondez pas, mon oncle, je croyais vous rendre service.

DURAND.

J'aurais bien envie de me fâcher, car j'ai été joué par tout le monde, et surtout par cette petite friponne... qui, avec ses jolies petites manières..... elle m'avait.....mais je ne puis me plaindre, vous m'avez corrigé d'un travers, je pourrais même dire d'un ridicule.

TOUS.

D'un ridicule !

DURAND.

D'un ridicule, c'est le mot. Dermon, Adèle, madame Dablainville, mes amis, vivons modestement en famille, ne sortons pas de notre petite sphère, soyons heureux.... et pour cela : *Adieu la Chaussée d'Antin.*

VAUDEVILLE FINAL.

AIR : *Moi, j'aime la danse.* (Vaud. de Caroline.)

DURAND.

Chacun sa folie,
Ici-bas, c'est la règle du sort ;
Pourvu qu'on rie,
C'est toucher au port.

CHŒUR.

Chacun sa folie, etc.

Je ris d'un vieillard,
Dont chacun fronde
L'avarice trop profonde.
Le voilà richard,
Il part
Pour l'autre monde.

TOUS.

Chacun sa folie,
Ici-bas, c'est la règle du sort ;
Pourvu qu'on rie,
C'est toucher au port.

MAD. DABLAINVILLE.

Je ris des amours
De Dellemance !
Il aime à jamais Hortense ;
Mais toujours
Dure huit jours
Belle constance !

TOUS.

Chacun sa folie, etc.

DERMON.

Je ris d'un Caton,
Contant fleurette
Aux pieds de maintes coquettes ;
Et, quoique trompé, dit-on,
Payant leurs dettes.

TOUS.

Chacun sa folie, etc.

ROSE.

Je ris si j'entends
Certaine belle,
Jurant d'être toujours fidelle,
Quand une vieille, sans dents,
Fait la cruelle.

TOUS.

Chacun sa folie, etc.

LAFLEUR.

Je ris d'un jaloux
Qui se croit maître.
De l'amour, ce petit traître,
Il ne manque de verroux
Qu'à la fenêtre....

TOUS.

Chacun sa folie, etc

ADÈLE, *au Public.*

L'Auteur est tremblant ,
Là-bas, il guette;
Je vous le dis en cachette ,
C'est un *bravo* quil attend
Pour sa bleuette.
Songez, je vous prie,
Qu'en vos mains vous avez notre sort !
Pourvu qu'on rie ,
Nous touchons au port !

TOUS.

Songez , je vous prie , etc.

FIN.

116.